47都道府県

かんたん

英語で ふるさと紹介

③お祭り・伝統

監修 石川めぐみ

アイ ワント トゥ スィー イット
I want to see it !
見てみたいな！

汐文社

この本の使い方

「ふるさとのお祭りや伝統を、英語で紹介したい！　でも、これって英語ではなんて言うの……？」
そんな時は、この本でさがしてみてください。
3巻では47都道府県のおすすめしたいお祭りや伝統を紹介しています。

基本の文章です。下線部分を入れかえて、おすすめのものや場所を紹介しましょう。

よく使うフレーズを大きな文字で掲載。そのままおぼえて、使ってみましょう。

このページで紹介したものや場所を英語で説明します。

このページで紹介したものや場所の都道府県です。

左ページのふきだしにある「基本の文章」の下線部分と入れかえるテキストです。都道府県ごとにおすすめのものや場所を英語で紹介しています。

＊英語にはカタカナで読みをつけましたが、完全に正確な発音ではありません。だいたいのめやすとして考えてください。
　カタカナの色の付いた部分を強く発音してみましょう。
＊英語の表現にはいろいろあります。同じ内容でも異なる英語のフレーズを使うことがあります。

この本の仲間たち

Olivia先生
日本に来て10年。日本中の小学校で英語を教えている。自転車が好きで、休みの日は自転車でいろいろなところへ行っている。

悠斗くん
明るい性格でやさしい、クラスの人気者。運動も勉強も得意。学校の行事などでよくリーダーに立候補している。

Noahくん
勉強が好きで、運動は苦手。日本の歴史や地理に興味がある。夏休みや冬休みに、日本の城めぐりをするのが楽しみ。

美咲ちゃん
おっとりした性格。勉強も運動もきらいではないが、特に好きでもない。だれとでもすぐ仲良くなる。

Emmaちゃん
スポーツが得意。食べることも大好き。じっとしているのが苦手で、おもしろそうなことを見つけては参加している。

もくじ

Let's go to the Shimonoseki Straits Festival.

しものせき海峡まつりに行かない？

There is a boat parade.

船のパレードがあるよ。

I want to see it !

見に行きたい！

People on the boats are dressed up with samurai armors.

船の人たちは、鎧武者の姿なのよ。

Shimonoseki Straits Festival しものせき海峡まつり

It reenacts the battle of Genji and Heishi clans.

源氏と平氏の戦いを再現しているのよ。

山口

4

入れかえ words

左ページのShimonoseki Straits Festivalと入れかえて、
文章をつくってみよう。

岐阜

You must see the large floats.

巨大な山車が見ものだよ。

茨城

Furukawa Festival

古川祭

Hitachi Cherry Blossom Festival

日立さくらまつり

There is a large drum on a
wooden stage "Yagura".

木のステージ「櫓」の上には大太鼓がのっているんだ。

富山

Children perform Kabuki.

子どもが歌舞伎を演じるんだ。

Nagahama Hikiyama
Festival
長浜曳山祭

滋賀

Demachi Child Kabuki
Hikiyama Festival

出町子供歌舞伎曳山祭り

The floats are called
"Moving Art Museum".

曳山は「動く美術館」といわれているよ。

Summer is coming.
サマァ イズ カミング

Now it's time to visit the
ナウ イッツ タイム トゥ ヴィズィト ザ

Sendai Tanabata Festival!
センダイ タナバタ フェスティヴァル

夏がきたね。仙台七夕まつりに行く時期だ！

Decorations of the
デコレイションズ ヴ ザ
Festival are very big.
フェスティヴァル ア ヴェリィ ビッグ

まつりの飾りは、とっても大きいわよね。

They are decorated with Japanese
ゼイ ア デコレイティド ウィズ ヂャパニーズ
traditional paper "Washi."
トゥラディシナル ペイパァ ワシ

日本の伝統的な紙「和紙」で飾りつけしているのよ。

Bravo!
ブラーヴォウ

すてき！

Sendai Tanabata Festival 仙台七夕まつり
センダイ タナバタ フェスティヴァル せんだいたなばた

Sendai Tanabata Festival is held in August.
センダイ タナバタ フェスティヴァル イズ ヘルド イン オーガスト

仙台七夕まつりは8月に行われるのよ。
せんだいたなばた がつ おこな

Bamboo decorations
バンブー デコレイションズ
"Sasa-kazari"
ササ カザリ

笹飾り
ささかざり

Bamboo
バンブー

竹
たけ

宮城
みやぎ

入れかえ
words

左ページのSendai Tanabata Festivalと入れかえて、
文章をつくってみよう。

People are wearing
Samurai outfits.

武士の格好をしているよ。

Aomori Nebuta Festival

青森

青森ねぶた祭

福島

Soma Nomaoi

相馬野馬追

The performers dance while
chanting "Rassera! Rassera!"

踊り手は「ラッセラー！ ラッセラー！」
と言いながら踊るんだ。

大阪

Tenjin Festival

天神祭

Fireworks are
shot off.

花火が打ち上げられるんだ。

愛知

Owari Tsushima
Tenno Festival

尾張津島天王祭

Yosakoi Festival

高知

よさこい祭り

The boats sail down a river.

船が川を下っていくよ。

People dance with
clattering Naruko.

鳴子を鳴らしながら踊るよ。

7

Nagasaki Kunchi is impressive.

ナガサキ　クンチ　イズ
インプレスィヴ

長崎くんちは、すごい迫力だね。
なが　さき　　　　　　　　　　　はく りょく

ズィス　フェスティヴァル　ハズ　ビン　ヘルド
This festival has been held since the Edo period.
スィンス　ズィ　エド　ピリオド
江戸時代から続くお祭りなんだ。
え ど じ だい　つづ　　　まつ

インタレスティング
Interesting!
おもしろーい！

チャパニーズ　アンド　アザァ　フォリン
Japanese and other foreign cultures are mixed together.
カルチァズ　ア　ミクスト　トゥゲザァ
日本と外国の文化が混ざっているのよね。
に ほん　がいこく　ぶん か　ま

ナガサキ　クンチ
Nagasaki Kunchi 長崎くんち
なが さき

ザァ　ア　ヴェリアス　フロウツ
There are various floats.
いろいろな山車があるよ。
だし

ダッチ　シップ
Dutch ship
オランダ船
せん

なが さき
長崎
★

8

入れかえ words

<ruby>左<rt>ひだり</rt></ruby>ページの<u>Nagasaki Kunchi</u>（<ruby>ナガサキ<rt></rt></ruby> <ruby>クンチ<rt></rt></ruby>）と<ruby>入<rt>い</rt></ruby>れかえて、<ruby>文章<rt>ぶんしょう</rt></ruby>をつくってみよう。

サム　アロウズ　ア　シャット　バイ　アン
Some arrows are shot by an
アーチャー　オン　ア　ラニング　ホース
archer on a running horse.

<ruby>走<rt>はし</rt></ruby>っている<ruby>馬<rt>うま</rt></ruby>から<ruby>矢<rt>や</rt></ruby>が<ruby>射<rt>い</rt></ruby>られる。

<ruby>神奈川<rt>かながわ</rt></ruby>

<ruby>静岡<rt>しずおか</rt></ruby>

カケガワ　　　　グレイト　　　フェスティヴァル
Kakegawa Great Festival

<ruby>掛川大祭<rt>かけがわおおまつり</rt></ruby>

イッツ　ヘルド　ワンス　エヴリィ　スリー　イアズ
It's held once every three years.

このお<ruby>祭<rt>まつ</rt></ruby>りは<ruby>3年<rt>ねん</rt></ruby>に<ruby>一度<rt>いちど</rt></ruby><ruby>行<rt>おこな</rt></ruby>われるよ。

ヤブサメ　　　　　　　シンジ
Yabusame Shinji
レイタイ　サイ　ヴ　ツルガオカ　ハチマングウ
(Reitai-sai of Tsurugaoka Hachimangu)

<ruby>流鏑馬神事<rt>やぶさめしんじ</rt></ruby>（<ruby>鶴岡八幡宮<rt>つるがおかはちまんぐう</rt></ruby>の<ruby>例大祭<rt>れいたいさい</rt></ruby>）

ナダ　ノ　　ケンカ　フェスティヴァル
Nada no Kenka Festival

<ruby>灘<rt>なだ</rt></ruby>のけんか<ruby>祭<rt>まつ</rt></ruby>り

<ruby>兵庫<rt>ひょうご</rt></ruby>

<ruby>愛媛<rt>えひめ</rt></ruby>

ピープル　プッシ　イーチ　アザァ
People push each other
ウィズ　ザァ　　　ミコシ
with their Mikoshi.

<ruby>神輿<rt>みこし</rt></ruby>をぶつけ<ruby>合<rt>あ</rt></ruby>うんだ。

ニイハマ　　　　タイコ　　　フェスティヴァル
Niihama Taiko Festival

<ruby>新居浜太鼓祭<rt>にいはまたいこまつ</rt></ruby>り

ザ　ヂァイアント　ドゥラム　フロウツ　アピア
The giant drum floats appear.

<ruby>巨大<rt>きょだい</rt></ruby>な<ruby>太鼓台<rt>たいこだい</rt></ruby>が<ruby>登場<rt>とうじょう</rt></ruby>するよ。

We have to dress warmly to go to the Sapporo Snow Festival.

さっぽろ雪まつりは、暖かいかっこうで行かなくちゃね。

I wonder what kind of statues there are.

どんな雪の像があるかしら。

I can't wait.

楽しみね。

It snows a lot in Hokkaido.

北海道はたくさん雪がふるからね。

Sapporo Snow Festival　さっぽろ雪まつり

Some statues are really big.

とっても大きい像もあるんだよ。

北海道

左ページのSapporo Snow Festivalと入れかえて、文章をつくってみよう。

入れかえ words

秋田

You can have a Japanese sweet drink, "Amazake", and Mochi in a kamakura.

かまくらの中で、甘酒を飲んだり、おもちを食べたりするよ。

Kamakura of Yokote (Snow Festival)

横手のかまくら(雪まつり)

新潟

Mukonage

むこ投げ

松之山温泉

Newlywed grooms are thrown into the deep snow.

新婚のおむこさんが深い雪の中へ投げ落とされるんだ。

東京

Sensoji Temple Setsubun-e

浅草寺節分会

The Shichifukujin-no-mai dance is performed.

七福神の舞が行われるんだよ。

---

column

Amazing floats! "Three major float festivals in Japan."

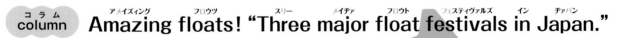

山車がすごい! 「日本三大曳山祭」

岐阜

Takayama Festival

高山祭

埼玉

Chichibu Night Festival

秩父夜祭

京都

Gion Festival

祇園祭

I'm practicing Tsugaru Shamisen.

アイム　プラクティスィング　ツガル　シャミセン

津軽三味線を練習しているの。

Great.
グレイト
いいね。

I want to play a song "Tsugaru Jongara bushi."
アイ　ワント　トゥ　プレイ　ア　ソング　ツガル　ジョンガラ　ブシ
「津軽じょんがら節」を弾きたいの。

It's a folk song from Tsugaru region.
イッツ　ア　フォウク　ソング　フロム　ツガル　リーヂョン
津軽地方の民謡だね。

Tsugaru Shamisen 津軽三味線
ツガル　シャミセン　つがるじゃみせん

The sound of Tsugaru Shamisen is powerful.
ザ　サウンド　ヴ　ツガル　シャミセン　イズ　パウアフル
津軽三味線の音は力強いのよ。
つがるじゃみせん　おと　ちからづよ

青森 ★
あおもり

thick neck
スィック　ネック
太い棹
ふと　さお

plectrum
プレクトゥラム
バチ

12

入れかえ words

左ページの<u>Tsugaru Shamisen</u>と入れかえて、文章をつくってみよう。

Children dance.
子どもが舞うよ。

Ainu Ancient Ceremonial Dance
アイヌ古式舞踊

富山

Ecchu no Chigomai
越中の稚児舞

北海道

People perform this dance for deities.
神様に見せるために踊るんだよ。

愛知

Mikawa Manzai
三河万歳

岡山

Bicchu Kagura
備中神楽

They sing with auspicious words each other.
めでたい言葉を言い合うんだ。

福岡

Various Japanese deities appear.
日本のいろいろな神様が登場するよ。

Upper rank samurai liked the dance and music.
昔のえらい武将が好んだ舞と音楽なんだ。

Kowakamai
幸若舞

Bunraku is traditional Japanese theatrical art.

ブンラク イズ トゥラディショナル ヂャパニーズ スィアトリカル アート

文楽は、日本の伝統的な芸能よ。

Three performers move a puppet.
スリー パフォーマァズ ムーヴ ア パペト
1つの人形を3人で動かしているんだ。

It's a Japanese puppet show.
イッツ ア ヂャパニーズ パペト ショウ
日本の人形劇ね。

Amazing!
アメイズィング
すごい!

Bunraku 文楽
ブンラク ぶんらく

"Ningyo Joruri Bunraku" was registered as a World Intangible Cultural Heritage.
ニンギョウ ジョウルリ ブンラク ワズ レヂスタァド アズ ア
ワールド インタンジブル カルチラル ヘリテージ
「人形浄瑠璃文楽」として世界無形文化遺産になったのよ。

大阪

14

<ruby>入<rt>い</rt></ruby>れかえ words

<ruby>左<rt>ひだり</rt></ruby>ページの<u>Bunraku</u>と<ruby>入<rt>い</rt></ruby>れかえて、<ruby>文章<rt>ぶんしょう</rt></ruby>をつくってみよう。

宮城

アキウ ノ タウエ オドリ
Akiu no Taue Odori

<ruby>秋保<rt>あきう</rt></ruby>の<ruby>田植<rt>たうえ</rt></ruby><ruby>踊<rt>おどり</rt></ruby>

イッツ ズィ オウルデスト バペト
It's the oldest puppet
ショウ イン チャパン
show in Japan.

<ruby>日本<rt>にほん</rt></ruby>でもっとも<ruby>古<rt>ふる</rt></ruby>い<ruby>人形芝居<rt>にんぎょうしばい</rt></ruby>といわれているんだ。

山梨<rt>やまなし</rt>

テンヅシ ノ マイ
Tendushi no Mài

<ruby>天津司<rt>てんづし</rt></ruby>の<ruby>舞<rt>まい</rt></ruby>

ズィス イズ ア ダンス トゥ プレイ
This is a dance to pray
フォ ア グッド ハーヴェスト
for a good harvest.

<ruby>豊作<rt>ほうさく</rt></ruby>を<ruby>願<rt>ねが</rt></ruby>う<ruby>踊<rt>おど</rt></ruby>りだよ。

神奈川<rt>かながわ</rt>

チャッキラコ
Chakkirako

チャッキラコ

ナチ ノ デンガク
Nachi no Dengaku

和歌山<rt>わかやま</rt>

<ruby>那智<rt>なち</rt></ruby>の<ruby>田楽<rt>でんがく</rt></ruby>

オウンリィ ウィメン スィング
Only women sing
アンド ダンス
and dance.

<ruby>歌<rt>うた</rt></ruby>って、<ruby>踊<rt>おど</rt></ruby>るのは<ruby>女性<rt>じょせい</rt></ruby>だけなんだよ。

ザ パフォーマンス イズ
The performance is
ヘルド アト ザ フェスティヴァル ヴ
held at the festival of
クマノ ナチ シライン
Kumano Nachi Shrine.

<ruby>熊野那智大社<rt>くまのなちたいしゃ</rt></ruby>の<ruby>祭<rt>まつ</rt></ruby>りで<ruby>行<rt>おこな</rt></ruby>われるよ。

島根<rt>しまね</rt>

サダ シン ノウ
Sada Shin Noh

<ruby>佐陀神能<rt>さだしんのう</rt></ruby>

イッツ アン エインシェント ダンス
It's an ancient dance.

とっても<ruby>古<rt>ふる</rt></ruby>い<ruby>舞<rt>まい</rt></ruby>なんだ。

徳島<rt>とくしま</rt>

ザ バペト ヘッヅ
The puppet heads
ア ビッグ
are big.

<ruby>人形<rt>にんぎょう</rt></ruby>の<ruby>頭<rt>あたま</rt></ruby>が<ruby>大<rt>おお</rt></ruby>きいんだ。

アワ ニンギョウ ジョウルリ
Awa Ningyo Joruri

<ruby>阿波人形浄瑠璃<rt>あわにんぎょうじょうるり</rt></ruby>

Do you know Oga no Namahage?

男鹿のナマハゲを知ってる?

They come into each house at New Year's Eve.
大晦日に家にやってくるんだよ。

It looks like a demon.
鬼みたいな姿よ。

Really!?
本当に!?

Oga no Namahage 男鹿のナマハゲ

Namahage is a deity.
ナマハゲは神様なんだよ。

mask
面

straw shoes
わらの靴

straw cape
わらのミノ

秋田 ★

入れかえ words

ひだり左ページのオガ ノ ナマハゲ<u>Oga no Namahage</u>と入れかえて、ぶんしょう文章をつくってみよう。

シシ ダンス**Shishi Dance**

岩手

ししおどり鹿踊

ピープル ダンス トゥPeople dance to
イクスプレス ザァ グラチチュードゥexpress their gratitude.

かんしゃ感謝をあらわすためにおど踊るよ。

キライゴウKiraigo

千葉

きらいごう鬼来迎

ザ キング ヴ ヘルThe King of Hell,
エンマ アピアズEnma, appears!

じごく だいおう地獄の大王「えんま」が
とうじょう登場するよ!

京都

イッツ ア プレイ ウィズIt's a play with
ノウ ワーヅno words.

セリフのないげき劇なんだ。

ミブ キョウゲン**Mibu Kyogen**

みぶきょうげん壬生狂言

チルドゥレン プレイ タグ ヴ ウォーChildren play tug-of-war.

こ子どもたちがつなひ綱引きをするよ。

鳥取

ミブ ノ ハナ タウエ**Mibu no Hana Taue**

広島

みぶ はなたうえ壬生の花田植

イナバ ノ ショウブ ツナヒキInaba no Shobu-tsunahiki

いなば しょうぶつなひ因幡の菖蒲綱引き

ビューティフリィ ドゥレスト キャトゥルズ アピアBeautifully dressed cattles appear.

かざ うし とうじょうきれいに飾った牛が登場するよ。

Annual Festival
アニュアル　フェスティヴァル
年中行事
ねん ちゅう ぎょう じ

There are many festivals and events in Japan.
ザァ　ア　メニィ　フェスティヴァルズ　アンド　イヴェンツ　イン　ヂァパン

We have special foods for each!
ウィ　ハヴ　スペシル　フーズ　フォ　イーチ

日本にはたくさんのお祭りやイベントがあるのよ。それらに合わせた食べものもあるの！

\Start/
スタート

New Year
ニュー　イア
お正月
しょうがつ

Setsubun
セツブン
節分
せつ ぶん

We eat Ozoni.
ウィ　イート　オゾウニ
お雑煮を食べるよ。
ぞう に　た

We eat the same number
ウィ　イート　ザ　セイム　ナンバァ
of beans as our ages.
ヴ　ビーンズ　アズ　アウア　エイヂィズ
年の数だけ豆を食べるのよ。
とし　かず　まめ　た

Girl's Festival
ガールズ　フェスティヴァル
ひな祭り
まつ

Hanami
ハナミ
お花見
はな み

Three-color
スリー　カラァ
Dango is famous.
ダンゴ　イズ　フェイマス
三色団子が有名よ。
さんしょくだん ご　ゆうめい

Clams are
クラムス　ア
used in soup.
ユーズド　イン　スープ
おすい物に、
もの
はまぐりが入っているのよ。
はい

18

The food for
Tanabata is Somen.
七夕の食べものはそうめんなのよ。

Boy's Festival
端午の節句

We eat Chimaki
and Kashiwa
Mochi.
ちまきや柏餅を食べるんだ。

Tanabata
七夕

Ohagi is
made of rice.
おはぎはお米で
つくるのよ。

Soul's Day
お盆

We eat Dango.
It's called
Tsukimi Dango.
団子を食べるんだ。
月見団子って言うんだよ。

Moon-viewing Day
お月見

Christmas
クリスマス

There are various
Toshikoshi Soba.
Toshikoshi is New
Year's Eve.
いろいろな年越しそばがあるよ。
年越しとは大晦日の夜のことだよ。

I like a strawberry
christmas cake!
わたしはいちごの
クリスマスケーキが好き!

\ Goal /
New Year's Eve
大晦日

Go to
next year!

I went to an Edo Kiriko studio.

江戸切子の工房に行ってきたの。

Each pattern has its own name.

模様にも名前があるんだよ。

It's made of glass.

ガラスでつくられているのよね。

They are beautiful.

すてきだね。

Edo Kiriko 江戸切子

They are handmade.

手づくりなのよ。

東京

<ruby>入<rt>ひだり</rt></ruby>ページの <u>Edo Kiriko</u> と<ruby>入<rt>い</rt></ruby>れかえて、<ruby>文章<rt>ぶんしょう</rt></ruby>をつくってみよう。

石川<rt>いしかわ</rt>

Kanazawa gold leaves
<ruby>カナザワ ゴウルド リーヴズ</ruby>

<ruby>金沢箔<rt>かなざわはく</rt></ruby>

写真提供：金沢市

熊本<rt>くまもと</rt>

Higo Zogan
<ruby>ヒゴ ゾーガン</ruby>

<ruby>肥後象がん<rt>ひごぞう</rt></ruby>

The patterns with gold and silver are inserted into an iron base.
ザ パタンズ ウィズ ゴウルド
アンド スィルヴァ ア インサーティド
イントゥ アン アイアン ベイス

<ruby>鉄<rt>てつ</rt></ruby>に<ruby>金<rt>きん</rt></ruby>や<ruby>銀<rt>ぎん</rt></ruby>で<ruby>模様<rt>もよう</rt></ruby>がつけられているよ。

They are gold leaves made in Kanazawa City.
ゼイ ア ゴウルド リーヴズ
メイド イン カナザワ スィティ

<ruby>金沢市<rt>かなざわし</rt></ruby>でつくられる<ruby>金箔<rt>きんぱく</rt></ruby>だよ。

大分<rt>おおいた</rt>

Beppu bamboo craft
<ruby>ベップ バンブー クラフト</ruby>

<ruby>別府竹細工<rt>べっぷたけざいく</rt></ruby>

栃木<rt>とちぎ</rt>

Nikko-bori
<ruby>ニッコー ボリ</ruby>

<ruby>日光彫<rt>にっこうぼり</rt></ruby>

It's a carved flower pattern on a wood.
イッツ ア カーヴド フラウア
パタン オン ア ウッド

<ruby>木<rt>き</rt></ruby>に<ruby>花<rt>はな</rt></ruby>の<ruby>図柄<rt>ずがら</rt></ruby>が<ruby>彫<rt>ほ</rt></ruby>られているよ。

It's made of woven bamboo.
イッツ メイド ヴ ウォウヴン バンブー

<ruby>竹<rt>たけ</rt></ruby>を<ruby>編<rt>あ</rt></ruby>んでつくるよ。

Kasukabe Kiri-tansu is a traditional craft of Saitama Prefecture.

春日部桐箪笥は、埼玉県の伝統工芸品よ。

It's made of paulownia.

材料は桐の木だよ。

It's resistant to moisture and fire.

湿気にも、火にも強いんだよね。

It's wonderful.

優秀ね。

Kasukabe Kiri-tansu 春日部桐箪笥

It's made in Saitama City and Kasukabe area.

さいたま市や春日部周辺でつくられているのよ。

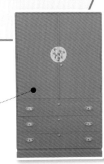

simple design

シンプルなデザイン

埼玉

入れかえ
words

左ページの<u>Kasukabe Kiri-tansu</u>と<u>Saitama</u>とを入れかえて、
文章をつくってみよう。

大阪（おおさか）

イッツ ユーズド フォ
It's used for
スクリーニング サン ライト
screening sun light.

日よけのために使われるよ。

ミヤギ トゥラディシナル
Miyagi traditional
コケシ
Kokeshi

宮城伝統こけし（みやぎでんとう）

宮城（みやぎ）

オオサカ コンゴウ スダレ
Osaka Kongo Sudare

大阪金剛簾（おおさかこんごうすだれ）

千葉（ちば）

ボウシュウ ウチワ
Boshu Uchiwa

房州うちわ（ぼうしゅう）

イッツ ワン ヴ ザ スリー
It's one of the three
メイヂア ウチワ
major Uchiwa
ブランズ イン ヂャパン
brands in Japan.

日本三大うちわのひとつなんだ。（にほんさんだい）

ザ ダルズ ア トゥラディシナル
The dolls are traditional
ウドゥン クラフツ
wooden crafts.

伝統的な木製の人形だよ。（でんとうてき もくせい にんぎょう）

スルガ タケ
Suruga Take
センスジ ザイク
Sensuji Zaiku

駿河竹千筋細工（するがたけせんすじざいく）

静岡（しずおか）

宮崎（みやざき）

イッツ ア ボウ メイド
It's a bow made
ヴ バンブー
of bamboo.

竹でつくった弓だよ。（たけ ゆみ）

ミヤコノジョウ ダイキュウ
Miyakonojo Daikyu

都城大弓（みやこのじょうだいきゅう）

イッツ メイド ヴ ラウンド バンブー スティックス
It's made of round bamboo sticks.

丸い竹ひごでつくっているんだ。（まる たけ）

Have you ever used Banshu abacus?

播州そろばんを使ったことはある？

It's easy to use and looks beautiful.

使いやすくて、見た目も美しいのよ。

I'm learning abacus.

ぼくはそろばんを習ってるよ。

What's an abacus?

そろばんってなに？

We use it to calculate.

計算するときに使うのよ。

Banshu abacus　播州そろばん

Banshu abacuses are carefully made by artisans.

播州そろばんは、職人が丁寧につくりあげているんだ。

兵庫
★

24

入れかえ words 左ページのBanshu abacusと入れかえて、文章をつくってみよう。

バンシュウ アバカス い ぶんしょう

ひだり

長野
ながの

ザァ ア スィクルズ
There are sickles
アンド ナイヴズ
and knives.
かま ほうちょう
鎌や包丁があるよ。

シンシュウ ウチハモノ
Shinshu Uchihamono
しんしゅううち はもの
信州打刃物

香川
かがわ

マルガメ ウチワ
Marugame Uchiwa
まるがめ
丸亀うちわ

カガワ プリーフェクチァ イズ ザ
Kagawa Prefecture is the
ラーヂェスト プロデューサァ ヴ ウチワ
largest producer of Uchiwa.
か がわけん せいさんりょう に ほんいち
香川県は、うちわの生産量日本一なんだ。

山形
やまがた

アーチザンズ シェア ワークス
Artisans share works
フォ イーチ プラセス
for each process.
さぎょう ないよう しょくにん
作業の内容ごとに、いろいろな職人がつくっているよ。

テンドウ ショウギ コマ
Tendo Shogi Koma
てんどうしょう ぎ こま
天童将棋駒

奈良
な ら

ナラ フデ
Nara Fude
なら ふで
奈良筆

メニィ タイプス ヴ アニマル
Many types of animal
ヘアズ ア ユーズド
hairs are used.
どうぶつ け つか
たくさんの動物の毛が使われているよ。

和歌山
わ か やま

キシュウ シッキ
Kishu Shikki
き しゅうしっ き
紀州漆器

ザァ ア ボウルズ
There are bowls
アンド チャプスティクス
and chopsticks.
おわんやおはしがあるよ。

福井
ふく い

エチゼン ワシ
Echizen Washi
えちぜん わ し
越前和紙

ザァ ア メニィ ワシ
There are many Washi
カンパニィズ イン エチゼン スィティ
companies in Echizen City.
えちぜん し わし かいしゃ
越前市には和紙の会社がたくさんあるんだ。

Nishijin-ori is beautiful.
ニシジン　オリ　イズ　ビューティフル

西陣織はきれいね。

It's very gorgeous!
イッツ　ヴェリィ　ゴーヂャス

とっても華やか！

There are workshops in Kyoto.
ザァ　ア　ワークシャプス　イン　キョウト

京都には、ワークショップがあるよ。

You can have experiences of weaving Nishijin-ori in the workshops.
ユ　カン　ハヴ　イクスピリエンスィズ　ヴ　ウィーヴィング　ニシジン　オリ　イン　ザ　ワークシャプス

西陣織の手織体験ができるんだ。

Nishijin-ori 西陣織
ニシジン　オリ　にしじんおり

Nishijin-ori uses a variety of dyed threads.
ニシジン　オリ　ユーズィズ　ア　ヴァライエティ　ヴ　ダイド　スレッズ

西陣織は、色をつけた糸を使って模様を織り出すのよ。

京都

入れかえ words

左ページのNishijin-oriと入れかえて、文章をつくってみよう。

群馬

Yuki Tsumugi
結城紬

茨城

Isesaki Gasuri
伊勢崎絣

イッツ スィルク ファブリク
It's silk fabric.
絹織物だよ。

イッツ メイド バイ ハンド ワーク
It's made by hand work.
手作業でつくるんだ。

三重

沖縄

イガ クミヒモ
Iga Kumihimo
伊賀くみひも

イッツ ア コード メイド バイ
It's a cord made by
ブレイディング スレッズ
braiding threads.
糸を組みあわせてつくるひもだよ。

イッツ ブライトゥリィ カラァド
It's brightly colored.
あざやかな色使いだよ。

Ryukyu Bingata
琉球びんがた

©OCVB

27

Where can I buy Imari-Arita ware?

伊万里・有田焼はどこで買えるかな?

Arita Porcelain Market is a good place to go.
有田陶器市はおすすめだよ。

It's held during Golden Week.
毎年ゴールデンウィークのころに開かれるの。

I want to give it to my mom as a birthday present.
お母さんの誕生日にプレゼントしたいんだ。

Sweet!
いいね!

Imari-Arita ware 伊万里・有田焼

Imari-Arita wares are beautiful and durable.
伊万里・有田焼は、きれいだし、丈夫だよ。

colorful design
華やかな絵

佐賀
★

28

入れかえ**words**

左ページの<ruby>左<rt>ひだり</rt></ruby>ページのImari-Arita ware（イマリ アリタ ウェア）と<ruby>入<rt>い</rt></ruby>れかえて、<ruby>文章<rt>ぶんしょう</rt></ruby>をつくってみよう。

Iwatsuki Ward is called（イワツキ ウォード イズ コールド）
as "Town of dolls."（アズ タウン ヴ ダルズ）
<ruby>岩槻区<rt>いわつきく</rt></ruby>は「<ruby>人形<rt>にんぎょう</rt></ruby>のまち」といわれているよ。

It's clear and beautiful!（イッツ クリア アンド ビューティフル）
<ruby>透<rt>す</rt></ruby>きとおってて、きれい！

<ruby>山梨<rt>やまなし</rt></ruby>

Koshu crystal（コウシュウ クリストゥル）
art carving（アート カーヴィング）
<ruby>甲州水晶貴石細工<rt>こうしゅうすいしょうきせきざいく</rt></ruby>

Iwatsuki Ningyo（イワツキ ニンギョウ）
<ruby>岩槻人形<rt>いわつきにんぎょう</rt></ruby>

<ruby>埼玉<rt>さいたま</rt></ruby>

Owari Shippo（オワリ シッポウ）
<ruby>尾張七宝<rt>おわりしっぽう</rt></ruby>

Gorgeous patterns（ゴーヂャス パタンズ）
are drawn.（ア ドゥローン）
<ruby>華<rt>はな</rt></ruby>やかな<ruby>柄<rt>がら</rt></ruby>がかかれているんだ。

<ruby>愛知<rt>あいち</rt></ruby>

<ruby>鹿児島<rt>かごしま</rt></ruby>

Satsuma ware（サツマ ウェア）
<ruby>薩摩焼<rt>さつまやき</rt></ruby>

There are white porcelains called "Shiro（ザァ ア ワイト ポースリンズ コールド シロ）
Satsuma" and black ones called "Kuro Satsuma."（サツマ アンド ブラック ワンズ コールド クロ サツマ）
<ruby>白<rt>しろ</rt></ruby>い「<ruby>白薩摩<rt>しろさつま</rt></ruby>」と<ruby>黒<rt>くろ</rt></ruby>い「<ruby>黒薩摩<rt>くろさつま</rt></ruby>」があるんだ。

監修

石川 めぐみ（いしかわ　めぐみ）

東京大学大学院総合文化研究科修士課程修了。専門は、「人の第一言語（母語）の獲得」について。日本学術振興会リサーチフェローとして研究に従事し、カンザス大学言語学科とのコラボレーション研究などで活動している。非常勤講師として、お茶の水女子大学、武蔵野大学、大正大学で、英語科目や専門科目（第一、第二言語獲得）についての講義を担当。東京都公立小学校での英語指導も経験。

スタッフ

イラスト	フサノ
装丁・デザイン・DTP	大山真葵（ごぼうデザイン事務所）
編集・制作協力	ナイスク http://naisg.com　（松尾里央、高作真紀、岡田かおり、安達文予、安藤沙帆）
	安養寺 義経

写真提供・クレジット（敬称略）

大雪像・HBC北海道放送2019/白老民族芸能保存会/公益社団法人 青森観光コンベンション協会/
一般社団法人 横手市観光協会/経済産業省 東北経済産業局/仙台市教育委員会/相馬野馬追執行委員会/結城市教育委員会/
日光市/岩槻人形協同組合/春日部桐たんす組合/秩父市/館山市/横芝光町教育委員会/江戸切子協同組合/浅草寺/鶴岡八幡宮/
三浦市教育委員会/一般社団法人 十日町市観光協会/砺波市出町子供歌舞伎曳山会館/富山市教育委員会/金沢市/
福井県和紙工業協同組合/帝京大学やまなし伝統工芸館/信州打刃物工業協同組合/一般社団法人 飛騨市観光協会/高山市/
静岡竹工芸協同組合/掛川市/あま市七宝焼アートヴィレッジ/津島神社/安城の三河万歳後援会/
一般社団法人 北びわこふるさと観光公社/西陣織工業組合/壬生寺/井上スダレ株式会社/大阪天満宮/国立文楽劇場/
播州算盤工芸品協同組合/灘のけんか祭りホームページ/奈良県産業共励会/紀州漆器協同組合/熊野那智大社/鳥取県/
佐太神社/美栄社/一般社団法人 北広島町観光協会/下関市観光政策課/徳島県立阿波十郎兵衛屋敷/
香川県うちわ協同組合連合会/一般社団法人 新居浜市観光協会/よさこい祭振興会/みやま市/一般社団法人 佐賀県観光連盟/
一般社団法人 長崎県観光連盟/熊本県伝統工芸館/公益社団法人 鹿児島県観光連盟/沖縄観光コンベンションビューロー/
PIXTA(はっさく/tamu1500/ぱーこ30/artswai/なっちゃん/Blue flash)

47都道府県　かんたん英語でふるさと紹介
③お祭り・伝統

2020年2月　初版第1刷発行

監修	石川めぐみ
発行者	小安宏幸
発行所	株式会社汐文社
	〒102-0071　東京都千代田区富士見1-6-1
	電話 03-6862-5200　ファックス 03-6862-5202
	URL https://www.choubunsha.com
印刷	新星社西川印刷株式会社
製本	東京美術紙工協業組合

ISBN 978-4-8113-2639-9